Das Christentum für Anfänger

Wie Sie die Weltreligion endlich richtig kennenlernen und alle Zusammenhänge einfach verstehen

Viktoria Hofmann

✝ INHALT

Das erwartet Sie in diesem Buch

Das Buch beschäftigt sich mit dem umfangreichen Thema Christentum. Natürlich wird nicht auf alle Facetten des Christentums eingegangen, jedoch auf die Wichtigsten. Zunächst wird beschrieben, wo das Christentum herkommt, wie es sich entwickelt hat und was überhaupt Christentum bedeutet.

Das Christentum hat eine lange Historie und wird auch heute noch von gesellschaftlichen Einflüssen weiter geprägt. Auch zu diesen Entwicklungen können Sie in dem Buch Informationen lesen. Auch die frühere Christenverfolgung, mit denen die

Gläubigen früher konfrontiert wurden und auch heute noch weltweit kämpfen müssen, wird angesprochen. Das Buch geht aber auch auf die Menschen, die zu frühen Zeiten "zwangschristianisiert" wurden, und auf jene, die anders dachten und deshalb gefangen, gefoltert und ermordet wurden, anhand von einigen Beispielen ein.

Zum Ende des Buches gibt es einen Ausblick auf mögliche Weiterentwicklungen des Christentums in der Zukunft. Somit gibt das Buch interessante Fakten zum Christentum, die nicht nur für Christen lesenswert sind.

Bedeutung des Christentums

URSPRUNG

Das Christentum ist eine der fünf größten Religionen weltweit. Diese Religion hat ihren Ursprung im Judentum und wird auf Jesus Christus zurückgeführt. Jesus war jüdischer Abstammung, ist in Bethlehem geboren worden und in Nazareth aufgewachsen.

Er wirkte in der Zeit von 28-30, erzählte der Bevölkerung von Gott, Nächstenliebe, heilte kranke Menschen und betete. "Christus" (griechisch "Christos") bedeutet "der Gesalbte". Die Jünger von Jesus Christus wurden als Christen bezeichnet (Apostelgeschichte, Kapitel 11, Vers 26, Lutherbibel 2017). Die Römer lehnten Jesus ab, weil sie davon ausgingen, dass ihre Macht gegenüber der Bevölkerung durch sein Wirken abnehmen würde. Weil die römischen Soldaten Jesus hassten, verhafteten sie ihn und richteten ihn durch Kreuzigung hin. Nachdem Jesus gestorben und wieder auferstanden ist, haben seine Jünger ihn als Sohn Gottes und den von den Juden erwarteten Retter erkannt.

Die Jünger nannten ihn Jesus Christus. Das Neue Testament der Bibel berichtet über das Leben, Wirken und Sterben von Jesus Christus. Der Fisch (auf Altgriechisch "ichthýs") weist als Zeichen auf Jesus Christus hin. Die einzelnen Buchstaben des griechischen Wortes bezeichnen die Person Jesu als "Jesus, der Gesalbte, Gottes Sohn, der Retter/ Erlöser".

Das Fischsymbol kann auch aus dem Evangelium nach Lukas (Kapitel 5, Vers 10) abgeleitet werden, weil Jesus da sagt:" Fürchte dich nicht! Von nun an wirst du Menschen fangen" (Lutherbibel 2017). Heute können Sie das Fischsymbol häufiger als Bilder an Kirchengemeinden und als Aufkleber auf Autos sehen.

INHALT

Der christliche Glaube sagt aus, dass es nur einen Gott gibt (Monotheismus). Bei Gott handelt es sich um einen dreieinigen Gott, der aus dem Vater, Sohn (Jesus Christus) und dem heiligen Geist besteht. Gott kann mit verschiedenen Begriffen umschrieben werden, u. a. mit dem Wort "Vater". Das heißt, dass Christen Gott als ihren Vater ansehen.

Jesus wurde durch den heiligen Geist gezeugt und von Maria geboren. Er wird sowohl Mensch als auch als Gott genannt. Der Heilige Geist hat verschiedene Funktionen: Zum Beispiel ist er der Tröster der Gläubigen (aus der Lutherbibel 2017, Johannes, Kapitel 14, Vers 26: "Aber der Tröster, der Heilige Geist, den mein Vater senden wird in meinem Namen, der wird euch alles lehren und euch an alles erinnern, was ich euch gesagt habe").

Christen glauben an die Liebe Gottes für alle Menschen. Sie glauben, dass Jesus Christus in Golgatha (übersetzt: "Schädelstätte") am Kreuz starb und damit alle Schuld aufgenommen und uns Menschen somit die Chance ermöglicht hat, eine gute Beziehung mit Gott zu führen. Als Christ soll man sich an die von Gott gebotene Gottes-, Nächsten- und Feindesliebe orientieren. Besonders die Feinde zu lieben, stellt eine große Herausforderung dar. Ein wichtiges Symbol für das Christentum ist das Kreuz, das auf die Hinrichtung Jesu hindeutet. Heute können Sie in vielen Kirchen und Gemeinden prunkvolle und schlichte Kreuze mit unterschiedlichen Mustern und sogar als Kettenanhänger oder auf Kleidungsstücken sehen.

Zum christlichen Glauben gehört auch die Aussage, dass man das ewige Leben bekommt, das heißt, nach dem Sterben zu Gott gelangt, wenn man Jesus sein Leben übergibt, an ihn glaubt und ihm die Leitung des Lebens übergibt. Die Bibel hat jedoch neben dem oben erwähnten Neuen Testament das Alte Testament, das auch schon auf die Ankunft Jesus Christus hindeutet, zum Beispiel in der Aussage "Siehe, es kommt die Zeit, spricht der HERR, dass ich dem David einen gerechten Spross erwecken will.

Der soll ein König sein, der wohl regieren und Recht und Gerechtigkeit im Lande üben wird" (Jeremia, Kapitel 23, Vers 5, Lutherbibel). Viele Christen engagieren sich in der Kirche und Mission, erzählen anderen Menschen von dem Wirken Jesu und setzen so den Missionsauftrag aus Matthäus, Kapitel 28, Verse 19-20, Lutherbibel 2017 ("Darum gehet hin und lehret alle Völker: Taufet sie auf den Namen des Vaters und des Sohnes und des Heiligen Geistes und lehret sie halten alles, was ich euch befohlen habe. Und siehe, ich bin bei euch alle Tage bis an der Welt Ende") um. Durch die Mission wurde das Christentum weiter getragen.

Auch heute sind noch zahlreiche Missionare weltweit unterwegs, die andere Menschen zum Glauben an Gott führen. Als Grundlage der Mission kann der Missionsbefehl in Matthäus, Kapitel 28, Verse 18 bis 20 (Lutherbibel 2017) genommen werden. Jesus sagt in diesen Versen: "Mir ist gegeben alle Gewalt im Himmel und auf Erden. Darum gehet hin und lehret alle Völker: Taufet sie auf den Namen des Vaters und des Sohnes und des Heiligen Geistes und lehret sie halten alles, was ich euch befohlen habe. Und siehe, ich bin bei euch alle Tage bis an der Welt Ende".

Insbesondere die Freikirchen möchten missionarisch leben und das Evangelium weltweit bis zu den unerreichten Völkern verbreiten. Neben den missionarisch eingestellten Kirchen gibt es auch noch verschiedene Missionsgesellschaften, die die gute Nachricht weltweit verbreiten: Die Missionsgesellschaft „Campus für Christus" e. V. gibt es seit 1967 in Deutschland. Über diese Gesellschaft haben Christen die Möglichkeit, an Missiontätigkeiten ab einer Dauer von 6 Monaten teilzunehmen. Zum

Beispiel gibt es Arbeitsbereiche, in denen sich Campus für Christus für Student*innen einsetzt, ihnen vom Glauben erzählt und sie auf ihrem beruflichen Weg begleitet.

Eine Partnerorganisation von Campus für Christus e. V. ist „Global Aid Network", die in Katastrophengebiete reist und dort Bedürftigen hilft. Viele Christen spenden von ihrem Einkommen einen Teil an bedürftige Menschen oder Organisationen, die andere Leute in schwierigen Lebenslagen unterstützt.

In der Bibel steht, dass man ungefähr den 10. Teil seines Einkommens spenden sollte: "Alle Zehnten im Lande, vom Ertrag des Landes und von den Früchten der Bäume, gehören dem Herrn und sollen dem Herrn heilig sein." (3. Mose, Kapitel 27, Vers 30, Lutherbibel 2017).

CHRISTLICHE FESTE

Zu den Festen des Christentums gehören Weihnachten, Ostern, Pfingsten, Christi Himmelfahrt, Fronleichnam und noch einige andere Festtage, auf die in diesem Text näher eingegangen wird. Zu Weihnachten wird daran erinnert, dass Jesus Christus in Bethlehem geboren wurde.

Vor Weihnachten liegt die vierwöchige Adventszeit, in der die Christen auf die Ankunft von Jesus warten. Der Begriff "Advent" kommt aus dem Lateinischen („Adventus Domini") und wird mit "Ankunft des Herrn" übersetzt. Die Festlegung auf 4 Sonntage Adventszeit kommt von Papst Gregor dem Großen aus dem 7. Jahrhundert.

Vor Beginn des 20. Jahrhunderts mussten die Menschen in der Adventszeit fasten und durften keine Feste abhalten. Die katholische Kirche beendete aber diese Fastenzeit vor Weihnachten. So kann man heute auch schon vor Weihnachten naschen, Glühwein trinken und es sich gut gehen lassen. Vom 24. auf den 25. Dezember feiern zahlreiche Kirchengemeinden die "Christmette", in der an die Geburt Jesu erinnert wird.

Das Osterfest erinnert daran, dass Jesus nach seinem Tod wieder auferstanden ist. Vor diesem bedeutsamen Fest beginnt am Aschermittwoch (Tag nach dem Karnevalsdienstag) die Fastenzeit, um sich auf Ostern vorzubereiten. Die Woche vor Ostern wird "Karwoche" genannt.

Es handelt sich um eine wichtige Festwoche, in der die gesamte Zeit der Ankunft von Jesus Christus in Jerusalem bis zu seiner Kreuzigung und Auferstehung durch Anspiele, Predigten, Lieder und Wortgottesdienste nachvollzogen wird. Diese Festwoche beginnt mit dem Palmsonntag.

Dieser Tag deutet auf den Einzug Jesu mit einem Esel in Jerusalem kurz vor seiner Kreuzigung hin. Jesus wurde von den Zuschauern bejubelt und der Boden wurde mit Palmblättern geschmückt. Dieser Sonntag wird somit wegen der in Jerusalem verteilten Palmblätter "Palmsonntag" genannt. Am Gründonnerstag erinnern sich die Gläubigen an das letzte Abendmahl Jesu mit seinen Jüngern.

Der Name "Gründonnerstag" hängt nicht mit der Farbe Grün zusammen. Diese Bezeichnung kommt von dem Ausdruck "grinen" (trauern) aus dem Mittelalter. Denn ein Jünger, nämlich Judas Iskariot, hat Jesus nach dem gemeinsamen Abendmahlsfest verraten und damit für sehr viel Kummer gesorgt. Der Karfreitag erinnert an die Kreuzigung Jesu, an die Schmerzen, die er währenddessen aushalten musste. Auch an den Todeszeitpunkt (etwas gegen drei Uhr nachmittags) wird gedacht. Der Karsamstag erinnert die Christen daran, dass Jesus im Grab gelegen hat. Am Ostersonntag werden häufig in den Kirchen früh morgens Osterfrühgottesdienste gefeiert, um an die Auferstehung Jesu zu erinnern.

Das dritte große christliche Fest heißt Pfingsten. Dieses Ereignis wird auf die Kapitel 1, Vers 2, Kapitel 20, Vers 16 der Apostelgeschichte sowie auf den ersten Brief an die Korinther, Kapitel 16, Vers 8 zurückgeführt. Schon zu Lebzeiten Jesu feierten die Menschen 50 Tage nach Ostern Passa. Heute wird Pfingsten 50 Tage nach Ostern gefeiert. Nach Kapitel 2 in der Apostelgeschichte haben die Gläubigen damals den heiligen Geist empfangen und konnten in fremden Sprachen reden.

Der Heilige Geist gehört wie Jesus und Gott zur Dreieinigkeit und wird von Gott ausgesendet, damit die Gläubigen mit ihm Kontakt halten und verstehen können, was er ihnen sagt. Petrus hat in der Apostelgeschichte, Kapitel 2, Verse 37-47 die erste Gemeinde ins Leben gerufen. Somit gilt Pfingsten als der Tag, ab dem die ersten Kirchengemeinden und die Missionsarbeit entstanden sind. Die Taube verkörpert auf Darstellungen den heiligen Geist. Der Grund liegt darin, weil in Lukas, Kapitel 3, Verse 21-

22 während der Taufe der Heilige Geist in Form einer Taube auf Jesus gekommen ist und Jesus hörte: "Du bist mein lieber Sohn. An dir habe ich Wohlgefallen.". Pfingsten wird wie Weihnachten und Ostern an zwei aufeinander folgenden Tagen gefeiert. Das liegt daran, dass auf die hohe Bedeutsamkeit dieses Festes hingewiesen werden soll.

Christi Himmelfahrt wird als Vatertag gefeiert, hat aber ebenfalls eine christliche Deutung. An diesem Tag erinnern sich die Christen daran, dass Jesus zu Gott, seinem Vater, zurückgekehrt ist. Aus der Apostelgeschichte, Kapitel 1, geht hervor, dass Jesus noch 40 Tage nach seiner Auferstehung mit seinen Jüngern geredet hat, dann zu Gott aufgefahren ist und wieder zurückkommen wird. Deshalb liegt der Himmelfahrtstag auch auf dem 40. Tag nach Ostern. Bis zum 4. Jahrhundert feierten die Leute diesen Tag zusammen mit Pfingsten, bis dieser Tag als autonomer Feiertag angesehen wurde. Seit den 30er-Jahren ist Christ Himmelfahrt ein gesetzlich festgelegter Feiertag.

Fronleichnam ist ein Fest der katholischen Kirche und wird sechzig Tage nach Ostern gefeiert. Dieses Fest erinnern daran, dass Jesus Gottes Sohn ist und sein Leben für uns gegeben hat (nach dem letzten Abendmahl mit seinen Jüngern). Die Hostie stellt symbolisch den Leib Christi dar und wird an Fronleichnam im Rahmen von Prozessionen in einer Monstranz gezeigt und verehrt.

Ein ebenfalls katholisches bzw. orthodoxes Fest ist Maria Himmelfahrt am 15. August. An diesem Tag wird daran gedacht, wie die Jungfrau Maria verstorben und im Himmel aufgenommen wird. Darüber wird in den Apokryphen berichtet.

Die Apokryphen sind nicht in der Bibel zu finden, ähneln ihr aber. Sie wurden ca. zwischen 200 vor Christus und 400 nach Christus verfasst. Maria Himmelfahrt wird zum Beispiel in Italien mit Prozessionen gefeiert und "Ferragosto" genannt. Auch auf Sardinien, direkt am Meer gibt es diesen Brauch. Zahlreiche Boote segeln mit Marienstatuen über das Meer.

Allerheiligen besteht in Griechenland seit dem 4. Jahrhundert. An diesem Tag wird an die Menschen, die für ihren Glauben gestorben sind, gedacht. Früher wurde dieser Tag an dem Folgesonntag auf Pfingsten gefeiert, wurde dann aber auf den 1. November verlegt.

Der Tag "Allerseelen" erinnert in der katholischen Kirche an alle Verstorbenen ab dem Jahre 9 nach Christus.

In den evangelischen Kirchen wird am "Totensonntag" oder "Ewigkeitssonntag" an die Verstorbenen gedacht. Dieser Sonntag ist der letzte Sonntag im Kirchenjahr und gleichzeitig der Sonntag vor dem 1. Advent.

Entwicklung des Christentums

GESCHICHTE

D ie Kirche (Gemeinschaft der Christen) ist entstanden, nachdem Jesus sich nach seiner Auferstehung seinen Jüngern gezeigt hat und die Jünger den heiligen Geist empfangen hatten. Die Jünger schrieben Texte über das Wirken Jesu sowie Lieder als Gotteslob.

Das Christentum bildete sich zunächst in Ephesos, Korinth sowie in Thessaloniki, später dann auch in Rom. Schätzungsweise gab es im Jahr 175 nach Chr. ungefähr 10.000, im Jahr 254 nach Christus dann bereits 30.000-50.000 Christen in Rom. Im Jahr 431 nach Christus hat das Konzil von Ephesos stattgefunden, bei dem sich die apostolische Kirche separiert hat. Im Jahr 500 nach Christus wurde in der Mittelmeerregion nur das Christentum als offizielle Glaubensrichtung anerkannt. In der Zeit um das 6.-10. Jahrhundert nach Christus hat sich das Christentum in Europa durch römische und germanische Einflüsse weiterentwickelt.

Das Christentum verbreitete sich durch Prediger in Nord- und Osteuropa. Ungefähr im späten Mittelalter breitete das Christentum sich großflächig weiter aus. 1517-1648 teilte es sich während der Reformation in die katholische, lutherische und reformierte Konfession auf. Drei bedeutsame Personen (Martin Luther für Deutschland, für die Schweiz Johannes Calvin und Huldrych Zwingli) wirkten in der Reformation mit.

Die Reformation hat 1517 eingesetzt, als die 95 Thesen von Martin Luther, die den Ablassmissbrauch in den katholischen Kirchen ablehnten, an die Tür der wittenbergische Kirche angebracht wurden. Martin Luther hat die Bibel im 16. Jahrhundert in die deutsche Sprache übersetzt und ging davon aus, dass die Gläubigen nicht durch den Ablass, sondern nur durch den "Glauben an Gott" ewiges Leben bekommen würden.

Aufgrund der Reformation kam es zu einer Aufteilung der katholischen und evangelischen Kirche und auch die Politik, Wirtschaft und das Kulturleben wurde durch die Reformation beeinflusst. In der Aufklärungszeit wurden Staat und Religion voneinander getrennt. Auf die Vernunft wurde ein größerer Wert gelegt, wodurch die Säkularisierung zunahm und sich die politische Macht der katholischen Kirche verringerte.

Die Romantik bildete jedoch einen Gegenpol zu diesen Tendenzen und plädierte für eine einheitliche christliche Religion in Europa. Aus dieser Zeit kommen die ersten Ideen zur Einrichtung sozialer Einrichtungen, wie z. B. das Rote Kreuz. Im 19. Jahrhundert wurde über die Religion Kritik ausgeübt. Zu den Kritikern gehörte u. a. Friedrich Nietzsche.

Zum Beispiel schrieb er in seinem Buch "Der Antichrist", das 1895 erschienen ist, im Kapitel 39, dass es "nur einen Christen" gab, der jedoch am Kreuz verstorben sei. Während des Ersten Weltkrieges bevorzugten jedoch viele Menschen die katholischen Gemeinden.

In der Zeit um 1933 wurden die christlichen Kirchen durch den Nationalsozialismus beeinflusst. Gläubige Menschen und Kirchenmitarbeiter wie Prediger wurden nur anerkannt, wenn sie ihren Glauben so lebten, dass er mit dem Glauben der „Deutschen Christen" zusammenpasste. Ansonsten lebten diese Menschen gefährlich, weil sie Gefahr liefen, verhaftet zu werden. Der christliche Glaube in der NS-Zeit musste sich den Anforderungen Hitlers und seiner „Nationalreligion", die auch gegen die Juden vorging, anpassen.

Hitler hat in seinem Buch „mein Kampf" einen Satz geschrieben, in dem er die Judenverfolgung rechtfertigte: "Indem ich mich des Juden erwehre, kämpfe ich für das Werk des Herrn." Während des Krieges gab es weniger christliche Feiertage. Anstatt von Taufen, kirchlichen Eheschließungen wurden „Parteifeiern" veranstaltet. 1933 vereinbarten die Nazis und der zukünftige Papst Pius XII. ein „Reichs-konkordat".

In dieser Vereinbarung wurde abgesprochen, dass u. a. der Bischof einen Treueeid leisten musste, in dem er Gehorsam gegenüber dem Naziregime versprach. 1934 bildete sich die "Bekennende Kirche", damit sie gegen die negativen Einflüsse der Nazis, zu denen neben der Judenverfolgung auch die Euthanasie (Tötung von Menschen mit psychischen und körperlichen Behinderungen) vorgehen konnten. Im Mai 1934 schloss sie die "Barmer Theologische Erklärung" ab. Mit dieser Erklärung hat sich die "Bekennende Kirche" gegen die in der NS-Zeit aufgebaute Kirche der "Deutschen Christen" gewehrt. Die

Bekennenden Christen wurden aber von den Nazis bedrängt, durften keine Pfarrer mehr ausbilden, keine Juden mehr unterstützen, wurden arbeitslos und kamen zum Teil in ein KZ und wurden dort umgebracht.

Zunächst fanden sich die bekennenden Christen mit diesen Angriffen ab. Aber Paul Schneider und der Theologe Dietrich Bonhoeffer haben sich gegen die Nazis gewehrt. Paul Schneider wurde 1897 geboren, studierte Theologie und wurde 1925 in der Gemeinde, in der auch sein Vater gearbeitet hat, als Pfarrer eingesetzt.

In der Nazizeit verbündete er sich mit den Bekennenden Christen, weil er die Ideologien der Nazis nicht mittragen konnte und lieber das wahre Evangelium predigte. Ein Zitat von ihm lautet: "Die deutsche Jugend gehört weder Adolf Hitler noch Baldur von Schirach, sondern einzig und allein Jesus Christus.".

Schneider wurde seines Widerstands gegen das Naziregime mehrmals inhaftiert. Zuletzt kam er in das Konzentrationslager Buchenwald. Dort wurde er wegen seines Glaubens und seiner Predigten für die anderen Gefangenen gefoltert. Zum Schluss wurde Schneider von einem Arzt im KZ mit einer Giftspritze hingerichtet. Dietrich Bonhoeffer kam im

Februar 1906 in Breslau zur Welt und ist in Berlin aufgewachsen. 1935 begann Bonhoeffer mit der Leitung des Predigerseminars in Finkenwalde und arbeitete mit anderen bekennenden Christen zusammen.

Weil 1937 dieses Seminar geschlossen und 1940 komplett verboten wurde, arbeitete Bonhoeffer im Untergrund weiter. Er setzte sich für die Bekennende Kirche und gegen Hitler ein, beteiligte sich mit Fabian von Schlabrendorff an einem Attentatsversuch auf Hitler, bis er im April 1943 in Tegel inhaftiert wurde.

Im April 1945 wurde Dietrich Bonhoeffer in Flossenbürg hingerichtet. Sophie Scholl hat sich ebenfalls gegen das Naziregime gewehrt. Zusammen mit ihrem Bruder, Hans Scholl, gehörte sie zur "Weißen Rose", die 1942/1943 Flugblätter verteilt haben, um zum Widerstand gegen die NS-Regierung aufzurufen.

Wegen ihres Widerstands wurde Sophie Scholl am 22. Februar 1943 hingerichtet. Auch Maximilian Kolbe, der im Januar 1894 in der Nähe von Lodz (Polen) geboren wurde, war in der Hitlerzeit ein Märtyrer. 1910 ging er zu den Franziskanern und wurde später dort Priester. Er verehrte die Jungfrau Maria. Er kam in mehrere Gefangenenlager, bis er 1941 in das KZ Auschwitz-Birkenau kam. Dort floh im Juli 1941 ein Gefangener, so dass stattdessen 10 andere Gefangene in den Hungerbunker sollten. Auch Franciszek Gajowniczek, der eine Familie zu versorgen hatte, gehörte zu diesen Gefangenen.

Aus Mitleid für ihn, hat sich Kolbe selbst in den Bunker sperren lassen und starb dort im August 1941 durch eine Giftspritze. Er wurde selig- und später heiliggesprochen. Heute erinnert u. a. das Maximilian-Kolbe-Werk in Freiburg an ihn. Dieses Werk besucht ehemalige KZ-Gefangene in Polen und informiert regelmäßig in Rundbriefen darüber. Es freut sich immer über Spenden, um die Überlebenden aus dem 2. Weltkrieg unterstützen zu können.

Zum Ende des Zweiten Weltkriegs gab es neben den nationalsozialistisch beeinflussten Kirchen andere Gemeinden, die weiterhin der "Bekennden Kirche" angehörten, während sich einige Kirchengemeinden zu den "intakten Kirchen" (Kirchen, die sich weitgehend von der NS-Herrschaft abgrenzen konnten, weil die "Deutschen Christen" dort nicht hinein gewählt wurden) zählten. Im Sommer 1945 wurde der „Rat der Evangelischen Kirche in Deutschland" gegründet. Im Oktober 1945 gaben die evangelischen Kirchen das "Stuttgarter Schuldbekenntnis" ab, weil sie ihre Mitschuld während der

NS-Zeit zugeben wollten. Die katholischen Kirchen gaben ihre Mitschuld im "Wort der Deutschen Bischofskonferenz zum Kriegsende" im April 2020 zu, nachdem sie sich seit den 60er-Jahren mit diesem Thema auseinandergesetzt haben.

1984 haben sich verschiedene orthodoxe und protestantische Gemeinden zum Ökumenischen Rat zusammengeschlossen. Zu diesem Rat gehören heute ungefähr 120 Länder mit ca. 350 Kirchen. Der Ökumenische Rat beschäftigt sich mit unterschiedlichen Themen, zum Beispiel mit der Frage, wie kann man sich für Fairness und Frieden in der Gesellschaft einsetzen, gegen Rassismus vorgehen, den Klimawandel positiv beeinflussen.

ANZAHL UND VERTEILUNG DER CHRISTEN IN DER WELT

In Europa gehören ca. 537 Millionen Menschen (ungefähr 75 %) dem Christentum an. Aufgrund von Geburtenrückgängen, Migration von Andersgläubigen sowie Kirchenaustritten hat sich die Anzahl der Christen in Europa jedoch verringert. In einigen Ländern Lateinamerikas, Afrika und Asiens leben heute mehr Christen.

In den USA ist die Zahl der Christen geschrumpft. Laut einer Statistik des Pew Research Centers waren im Jahr 2017 noch ca. 75 % der Menschen Christen (ca. 51 % Protestant*innen und 23,9 % Angehörige zur katholischen Kirche). 2019 gehörten noch ca. 44 % zur protestantischen Kirche, während noch 22 % zur katholischen Kirche gehörten.

Die Zahl der Personen ohne Konfession hat sich von 12 % (2017) auf 24 % (2019) erhöht. In Lateinamerika leben laut einer Statistik der Forschungsgruppe Weltanschauungen in Deutschland und der Welt von 2017 ca. 80 % Christen (60 % Katholiken, 20 % Christen evangelischer Konfession). Allerdings ist in den letzten Jahren der Anteil der katholisch Gläubigen kleiner geworden. Die Gruppe der Menschen, die sich keiner Religion zuordnen, hat sich auf ca. 18 % vergrößert.

In Australien bezeichnen sich ungefähr 60 % aus der Bevölkerung als Christen, davon größtenteils katholisch.

In Asien ist im Vergleich zu den anderen Kontinenten die Zahl der Christen am niedrigsten. Der Prozentsatz der Christen in diesem Kontinent liegt bei unter 10 %. Die meisten Christen leben in Russland, Georgien und Armenien.

Die Zahl der Christen in Afrika hingegen ist auf 631 Millionen Christen angestiegen. In einigen Ländern Afrikas, z. B. Namibia und Ruanda zählen 90 % der Menschen zu den Christen. Somit leben im Vergleich zu den anderen Kontinenten die meisten Christen in Afrika. Bis 2050 wird laut einer Einschätzung des Pew Research Centers ein weiteres Wachstum der Anzahl der Christen in Afrika erwartet.

Die verschiedenen Konfessionen

Alle Christen glauben an Jesus, wie oben beschrieben, können aber unterschiedlichen Konfessionen bzw. verschiedenen Kirchen angehören. Es gibt auch Gruppen, die sich zu überkonfessionellen Organisationen zusammenschließen. Dazu zählt z. B. der Ökumenische Rat der Kirchen (ÖRK).

Zu dem ÖRK haben sich z. B. Anglikaner, orthodoxe Gemeinden und freie Kirchen zusammengeschlossen. Die katholische Kirche ist zwar nicht als Mitglied des ÖRK erfasst, arbeitet aber eng mit dieser Organisation zusammen. Der ÖRK verfolgt das

Ziel, Christen mit unterschiedlichen Konfessionen miteinander zu verbinden. Zum ÖRK gehören ca. 350 Kirchen. Neben der Vereinigung von Christen unterschiedlicher Glaubensrichtungen möchte der ORK Not leidende Menschen unterstützen und sich für die von Gott geschaffene Umwelt einsetzen.

Die Gottesdienste haben je nach Konfession unterschiedliche Abläufe. Es werden je nach Konfession verschiedene Sakramente gegeben. In fast allen Konfessionen besuchen die Christ*innen nicht nur die Sonntagsmesse oder den Gottesdienst, sondern begegnen sich auch zwischendurch in Bibelkreisen (auch Hauskreise genannt) und Gebetskreisen, um den Glauben praktisch werden zu lassen und zu vertiefen.

DIE RÖMISCH-KATHOLISCHE KONFESSION

Der katholischen Konfession gehören in der ganzen Welt ca. 1,1 Milliarden Menschen an. Der Papst in Rom steht der katholischen Kirche an oberster Stelle vor und wird als "Stellvertreter Jesu" anerkannt. "Katholisch" kommt von dem griechischen Begriff "katholikós" und wird mit "allumfassend" übersetzt.

Die Katholiken glauben an den dreieinigen Gott und nehmen als Glaubensgrundlage die Bibel und weitere Schriften. Durch die Beichte werden die Gläubigen von ihren Sünden befreit. Neben Gott verehren die Katholiken die Jungfrau Maria und viele Heilige. In der katholischen Kirche kann man bis zu sieben Sakramente empfangen: Taufe, Beichte, Erstkommunion, Firmung, Eheschließung, Weihe, Krankensalbung. Diese Sakramente sollen zeigen, dass Gott die Menschen ihr ganzes Leben begleitet.

Bei der Taufe trägt die zu taufende Person ein weißes Taufgewand. Vor der Taufe wird sie selbst, oder wenn sie noch ein kleines Kind oder Baby ist, die Eltern/Taufpaten gefragt, ob die Taufe stattfinden soll. Anschließend gießt der Pfarrer dreimal Wasser über den Kopf des Täuflings. Zum Schluss bekommt die gesamte Gemeinde mitsamt Täufling,

Angehörigen und Pat*innen den kirchlichen Segen.

Während der Beichte können die Katholiken bei einem Pfarrer ihre Fehler zugeben und mit seiner Hilfe Gott um Vergebung bitten. Der Pfarrer muss die Schweigepflicht einhalten, darf das Gesagte nicht weitergeben.

Die Erstkommunion ist ebenfalls ein Sakrament, das katholische Kinder meistens ab der dritten Klasse empfangen. Oft findet dieses Fest am Sonntag nach Ostern statt. Weil die Menschen im frühen Christentum auch bei der Taufe weiße Gewänder trugen, wird dieser Sonntag "weißer Sonntag" genannt. Heutzutage finden die Erstkommunionen aus zeitlichen Gründen auch an anderen Sonntagen statt.

Eine gewisse Zeit vor der ersten Kommunion werden die Kinder von Mitarbeitern aus der Kirche zusammen mit anderen Kindern auf die Kommunion vorbereitet, damit sie sich mit dem Thema Glauben näher beschäftigen und auch lernen, warum sie zur Kommunion gehen. Die Kommunionsfeier findet während einer Sonntagsmesse statt. In dieser Messe erhalten die Kinder zum ersten Mal die Hostie (Leib Christi). Nach der Messe feiern Familien mehr oder weniger ausladend die Kommunion des Kindes mit reichlich Geschenken.

Der Sinn der Firmung liegt darin, dass die

Jugendlichen, die demnächst gefirmt werden sollen, sich noch mal mit ihrem christlichen Glauben auseinandersetzen, ihm neu zustimmen und ihn stärken wollen. Im Alter zwischen dem 15. und 17. Lebensjahr können die jungen Menschen gefirmt werden. Wie bei der Erstkommunion werden sie in Jugendgruppen auf die Firmung vorbereitet, können sich über ihren Glauben untereinander austauschen.

Ein vorher ausgesuchter Text aus der Bibel soll den Firmling durch sein Leben begleiten. Damit die Firmung stattfinden kann, muss der Firmling getauft sein. Während der Firmung zeichnet der Bischof dem Kind mit dem Finger ein Kreuz auf die Stirn. Diese Zeichnung wird mit einem besonderen Salböl durchgeführt. Während dessen sagt der Bischof zu dem Firmling: "Sei besiegelt durch die Gabe Gottes, den Heiligen Geist.".

Der Bund der Ehe zeigt, wie eine Beziehung zwischen Jesus und der Gemeinde ist. Bevor ein Paar kirchlich getraut wird, sollte es sich bewusst machen, dass die Eheschließung vor Gott endgültig ist und nicht aufgelöst werden sollte. Zwei andere Aspekte, die für die Trauung wichtig sind, sind zum einen die Bereitschaft beider Partner, sich jeweils für den anderen einzusetzen und für sie/ihn zu sorgen und andererseits offen für die Familiengründung zu sein. Während der Eheschließung sind Trauzeugen dabei. Sie sollen nicht nur die Heirat bezeugen können, sondern auch das Ehepaar begleiten und ihm insbesondere bei Schwierigkeiten und Problemen beistehen.

Diakone, Priester und Bischöfe werden geweiht, weil sie einen besonderen Dienst in der katholischen Kirche übernehmen. Die Weihe kann nicht wieder rückgängig gemacht werden. Die Weihung eines Diakons ist seit 1965 eigenständig und nicht mehr wie früher die Vorstufe zum Priesteramt. Die Kandidaten für das Amt des Diakons dürfen verheiratet oder unverheiratet sein. Wenn die zukünftigen Diakone in ihr Amt eingeweiht werden, legen sie sich auf den Boden.

Mit dieser Handlung möchten sie sich Gott komplett zur Verfügung stellen. Sie versprechen, dem Bischof zu gehorchen, bescheiden zu leben und Ehelosigkeit (für Unverheiratete). Der Bischof legt während der Weihung den Kandidaten seine Hände auf und betet für sie. Anschließend umarmt der Bischof den Kandidaten und nimmt ihn so in das neue Amt als Diakon auf. Nach dem Eintritt in die Kirche, zusammen mit dem Bischof und den Paten, sagen die zu weihenden Kandidaten den Satz "Hier bin ich" und zeigen so ihre Bereitschaft zur Weihe. Nach dem

Singen des »Heilig-Geist-Hymnus« legen sich die Kandidaten auf den Boden und sprechen ein Gebet.

Während der Weihe legt der Bischof ihnen die Hände auf. Danach werden den frisch geweihten Priestern ihre Priesterkleidung angelegt, die Hände gesalbt und ihnen Kelch und die Schale mit Hostien überreicht. Bischöfe werden geweiht, indem ihnen mindestens drei andere Bischöfe die Hände auflegen und sie damit segnen. Danach erhalten die neuen Bischöfe eine Salbung des Kopfes sowie Ring, Mitra, Stab und das Buch mit den Evangelien.

Das letzte Sakrament ist die Salbung kranker Menschen. Früher wurde diese Salbung nur kurz vor dem Sterben des Menschen durchgeführt. Die sterbende Person sollte mit dieser so genannten "letzten Ölung" von seinen Vergehen erlöst werden. Heute kann die Krankensalbung mehrmals gespendet werden. Sie soll die Patienten stärken und sie ebenfalls von Sünden befreien.

Im katholischen Glauben finden derzeit verschiedene Entwicklungen statt. Im Mai 2019 fand eine Streikwoche unter dem Namen Maria 2.0 statt. Die daran beteiligten Aktivistinnen drückten aus, dass sie wegen der sexuellen Missbräuche an verschiedenen Mitarbeiter*innen in kirchlichen Ämtern durch Priester etc. ihr Vertrauen an die Kirche verloren hätten.

Diese Frauen möchten sich gegen die strengen Strukturen in der katholischen Kirche durchsetzen und kämpfen für eine stärkere Gleichberechtigung zwischen Frauen und Männern. Die Aktivistinnen haben vor diesem Hintergrund eine Petition gestartet, bisher 45.000 Unterschriften erhalten und möchten sie dem Papst zukommen lassen.

In Brasilien gibt es zu wenig Priester. Vor diesem Hintergrund sollten dort auch verheiratete Männer für das Priesteramt zugelassen werden. Über diese Situation verhandelt der Bischof von Brasilien noch mit dem Papst.

DIE PROTESTANTISCHE KONFESSION

In der protestantischen Kirche gibt es keinen Papst. Frauen dürfen in den Gemeinden predigen und andere kirchliche Aufgaben übernehmen. Ebenfalls ist es Prediger*innen und anderen kirchlichen Mitarbeiter*innen erlaubt, zu heiraten und eine Familie zu gründen. Der Begriff "protestantische Kirche" umfasst unterschiedliche evangelische Kirchen, wie z. B. die Lutheraner und die reformierten Kirchen.

Die evangelischen Kirchen bieten keine sieben Sakramente an. Die Gläubigen erhalten die Taufe und das Abendmahl als die beiden wichtigen Sakramente. Das Abendmahl wird jedoch ohne Wandlung, wie es in der katholischen Kirche vollzogen wird, durchgeführt.

Die evangelischen Christen glauben, dass ein Christ bereits gerecht vor Gott ist, wenn er an ihn glaubt und seine Gnade in Anspruch nimmt. Die Anhänger der protestantischen Kirche leben ohne Heiligenverehrung. Sie nehmen ohne Vermittlung direkt mit Gott Kontakt auf.

Viele der oben erwähnten evangelischen Kirchen gehören zur EKD ("Evangelische Kirche Deutschland"). In dieser Gemeinschaft können die zwar verschiedenen Gemeinden gemeinsame Entscheidungen treffen. Im Jahr 2016 gehörten ungefähr 21,9 Millionen Christen zur EKD. Allerdings gibt es neben diesen Christen weitere evangelische Kirchen, die nicht zur EKD gehören.

DIE ORTHODOX GEPRÄGTEN CHRISTEN

Die orthodoxe Kirche hat im Vergleich zur katholischen Kirche, die nur einem Papst hat, mehrere Vorsteher, u. a. in Jerusalem, Moskau, Sofia. Nach der Eroberung von Konstantinopel im Jahr 1453 war Russland die neue "Zentrale" für die orthodoxen Gemeinden.

Heute ist die russisch-orthodoxe Kirche die größte orthodoxe Kirche. Diese Gemeinden finden sich häufig in Ländern Osteuropas wie Russland, Serbien und Bulgarien, aber aufgrund von Missionsdiensten trotzdem auch überall in der Welt. In Russland sind ungefähr 75 % der Gläubigen russisch-orthodox.

Neben der russisch-orthodoxen Kirche gibt es auch griechisch-orthodoxe Gemeinden. Die orthodoxe Kirche strebt an, Gott zu loben und mit den Sakramenten zu ehren. In der russisch-orthodoxen

Kirche findet u. a. das Abendmahl mit Namen "Mysterium" statt. Mit diesem Abendmahl wird die Rettung der Gläubigen durch Gott gefeiert. Hier müssen nur die Bischöfe, Mitarbeiter in Orden und extra dafür geheiligte und ausgewählte Jungfrauen das Zölibat einhalten, während andere orthodoxe Prediger und Diakone die Ehe eingehen dürfen. Im Rahmen einer Bischofskonferenz in Deutschland wurde angestrebt, die verschiedenen orthodoxen Gemeinden (griechisch, russisch etc.) zusammenzuschließen.

Die orthodoxen Gemeinden feiern drei Sakramente in einem Fest. Es handelt sich um die Taufe, Erstkommunion und Salbung mit Myron. Während der Taufe wird der Täufling dreimal im Wasser untergetaucht (für das Gedenken an die Dreieinigkeit). Mit diesen drei Sakramenten wird die Person in die Kirchengemeinschaft aufgenommen und darf dann am Abendmahl teilnehmen.

Um die Lebensübergabe an Gott zu symbolisieren, werden der Person ein paar Haare abgeschnitten. Bei einem Besuch einer orthodoxen Kirche sollen Frauen einen Schal über den Kopf legen und Männer sollen ihren Kopf nicht bedecken. Vor und während des Eintritts in die Kirche bekreuzigen sich die Gläubigen jeweils dreimal. Die Gottesdienste dauern ungefähr 90 Minuten und sollen stehend gefeiert werden. Nur die körperlich beeinträchtigten Besucher*innen erhalten am Rand des Gottesdienstraumes einen Stuhl. Die Stelle, an der der Altar steht, dürfen die Besucher nicht betreten. Die russisch-orthodoxe Kirche feiert Weihnachten vom 6. auf den 7. Januar.

DIE KOPTISCHE KIRCHE

Die Koptische Kirche kommt ursprünglich aus Ägypten. "Kopte" bedeutet übersetzt "Ägypter". Markus (Evangelist) soll im ersten Jahrhundert nach Christus in Ägypten eine koptische Gemeinde gegründet haben. Die ägyptischen Kopten haben sich auch in anderen Ländern niedergelassen, weil sie sich in Ägypten nicht gut entwickeln konnte.

In den 70er/80er-Jahren ist die koptische Gemeinde auch nach Deutschland gekommen. In Frankfurt hat Salib Surial die erste koptische Kirche in Frankfurt am Main aufgebaut. Heute haben die koptischen Christen 11 Kirchen und zwei Klöster.

Im Nahen Osten leben ungefähr 12 Millionen Kopten, in Europa gibt es ca. 25.000 Familien koptischen Glaubens, während in Deutschland ca. 750 koptische Familien leben. Sie feiern Weihnachten ebenfalls wie die russisch-orthodoxe Kirche vom 6.

auf den 7. Januar. Leider werden in Ägypten die koptischen Christen ausgeschlossen. Neujahr 2011
wurde durch islamische Terroristen ein Anschlag
auf die Al-Qiddissine-Kirche in Alexandria mit über
20 Toten verübt.

Weil die koptischen Christen häufiger verfolgt
wurden, wird die koptische Kirche auch als "Kirche
der Märtyrer" bezeichnet. Bei den Kopten dürfen
auch kleine Kinder am Abendmahl teilnehmen, weil
sie Taufe und Firmung direkt erhalten.

DIE FREIKIRCHLICHEN ORGANISATIONEN

1525 ist in Zürich die „radikal-reformatorische Täuferbewegung" entstanden. Sie stellt für einige Freikirchen eine Vorstufe dar, z. B. hängen die Hutterer und Mennoniten geschichtlich mit dieser Bewegung zusammen. 1609 wurde die erste Baptistenkirche in Amsterdam aufgebaut. Sie war u. a. von den Mennoniten aus den Niederlanden beeinflusst.

In Großbritannien entstand im Jahr 1700 die Methodistenkirche. Die Heilsarmee, die freien evangelischen Kirchen und die Siebenten-Tags-Adventisten wurden 1800 aufgebaut. Seit Beginn 1900 existiert die Pfingstbewegung, die aus Nordamerika nach Europa herübergekommen ist. Die Mitgliederzahlen dieser Freikirchen nehmen heutzutage weltweit zu.

Einige dieser Freikirchen haben sich in Deutschland zu der Vereinigung Evangelischer Freikirchen zusammengeschlossen. Die Mitglieder von Freikirchen vertreten oft die Bibeltreue. Freikirchen sind unabhängig vom Staat und werden durch Spendengelder finanziert. In den Freikirchen werden die Gläubigen erst im Jugend- oder Erwachsenenalter getauft. Sie sollen die Chance haben, sich selbstständig für den christlichen Glauben entscheiden zu können.

Freie evangelische Kirchen nutzen das Wort „frei", weil sie unabhängig vom Staat sind. Sie erhalten keine Kirchensteuer, sondern Spendengelder von ihren Besuchern und festen Mitgliedern. Das Wort "frei" weist auch darauf hin, dass die Gläubigen selbst entscheiden können, ob und wann sie sich taufen lassen. In Deutschland existieren schätzungsweise 500 freie evangelische Gemeinden, die sich untereinander vernetzt haben, z. B. im Bund Freier evangelischer Gemeinden. Dieser Bund berät die Gemeinden bei Problemen, setzt sich für deren Interessen ein und bildet Pastoren aus.

Die Pfingstler sind eine ca. 100-jährige Freikirche, die sich sehr auf den Heiligen Geist und sein Eingreifen konzentriert und vom ihm u. a. Heilungswunder erwartet. Auch das Gebet in fremden Sprachen („Zungengebet") kennzeichnet einige Freikirchen. Die Mitgliederzahlen dieser Freikirchen nehmen am meisten zu. Im Augenblick wird geschätzt, dass ca. 400 Millionen in der ganzen Welt dazu gehören. Die Pfingstler sind in ihrer Einstellung sehr streng. Sie akzeptieren in ihren Kirchen keine Homosexualität und Ehescheidungen. Die Gottesdienste in einer Pfingstgemeinde sind sehr lebendig. Während der Gottesdienste wird zwischendurch laut gebetet und gesungen. Es gibt keine komplett festgeschriebenen Gottesdienstabläufe. Die Gemeindeprediger*innen lassen sich stark vom Heiligen Geist leiten und schieben bei Bedarf auch mal ein Heilungsgebet ein, wenn sie den Eindruck haben, dass gerade jemand im Raum Heilung braucht.

Baptistenkirchen sind ebenfalls freikirchlich organisiert. Sie lehnen die Kindstaufe ab. Das heißt, dass jeder, der bei einer Baptistengemeinde Mitglied werden möchte, getauft werden muss. Der Begriff „Baptisten" kommt aus dem Griechischen und heißt „Täufer". Im Jahr 1834 hat Johann Gerhard Oncken in Hamburg die erste deutsche Baptistengemeinde aufgebaut.

Die Gottesdienste in den Baptistengemeinden sind einfach gestaltet, weil die Baptisten bescheiden leben wollen. Die Baptistenkirchen werden auch mit Spenden finanziert. Ein prominenter Baptist ist u. a. Johnny Cash. Auch Martin Luther King zählte zu den Baptisten. Weltweit gehören ca. 44 Millionen Menschen zu einer Baptistengemeinde, während es in Deutschland ungefähr 44.000 Baptisten gibt. Viele evangelische Gemeinden bzw. Freikirchen haben sich zur "Evangelischen Allianz" zusammengeschlossen. Seit Ende des 19. Jahrhunderts bietet die

Evangelische Allianz Konferenzen an, die pro Jahr von ungefähr 2500 Leuten besucht wird. Diese Allianz hat sich zum Auftrag gemacht, verschiedene Kirchen zu vernetzen und zu verschiedenen Möglichkeiten Dienste anzubieten, zu beraten und zu informieren.

Sie strebt an, dass die Christen unabhängig von ihrer Gemeinde zusammen andere Leute für Jesus gewinnen und den Glauben leben. In dieser Allianz gibt es unterschiedliche Arbeitsbereiche: Die Clearingstelle setzt sich mit ehrenamtlichen Helfern ein, wenn schwerwiegende Probleme in der Gemeinde vorliegen, die nur noch mithilfe von außen bereinigt werden können.

Eine andere Arbeitsgruppe verfolgt das Interesse, dass auch Frauen Gemeinden leiten können oder ermutigt dazu, eine Arbeit unter Frauen zu entwickeln. In der Allianzmission wird sich auch für das weltweite Gebet eingesetzt. Dafür bringt sie regelmäßig eine Broschüre mit konkreten Gebetsanliegen z. B. von Gemeindeleiter*innen aus Afrika heraus, für die sich die Gläubigen betend und auch spendend einbringen können.

APOSTOLISCHE GEMEINSCHAFT

Die apostolische Kirche verfolgt den Grundsatz "Auf der Basis Jesus Christus allein wollen wir als seine Jüngerinnen und Jünger vom Heiligen Geist erweckt und angeleitet Gemeinde Jesu Christi bauen.". Diese Kirche hat eine längere Vorgeschichte: Zwischen 1820 und 1830 fanden Erweckungsbewegungen in England und Schottland statt, die die Grundlage für die apostolische Kirche darstellten.

Einige Prediger und andere nichtgeistliche Mitarbeiter gründeten die "Katholisch-Apostolischen Gemeinden". Aus diesen Gemeinden wurden 12 Personen bestimmt, die ein so genanntes Apostelamt übernehmen sollten. Sie hatten die Aufgabe, die Gemeinden aufzubauen, bis Jesus wieder zurückkommt. Diese Gemeinde hatte sich damals auch weiter bis nach Deutschland ausgebreitet.

Die Gründer dieser Gemeinde hatten sogar erwartet, dass Jesus so früh wiederkommen würde, dass sie es selbst noch miterleben könnten. Weil Jesus aber noch nicht zurückgekommen war, trennte sich 1863 eine Gruppe aus Deutschland von dieser Kirche und bildete die neuapostolische Gemeinde, die sich auf nur einen Apostel stützte und andere Konfessionen nicht zuließ. Ein Apostel sagte um

1955, dass Jesus noch vor seinem Tod wiederkommen würde. Aufgrund dieser Aussage trennte sich eine Gruppe von ca. 10.000 Leuten zusammen mit Peter Kuhlen, der bei der neuapostolischen Kirche mitgewirkt hat und rief am 23. Januar 1955 die apostolische Gemeinschaft ins Leben. In Deutschland existieren jetzt 57 Gemeinden mit ca. 5000 Mitgliedern. Eine Besonderheit bei der apostolischen Gemeinschaft liegt in der „Versiegelung". Versiegelung bedeutet Handauflegen, sodass der Heilige Geist zusammen mit besonderen Geistesgaben empfangen wird.

Eine weitere Freikirche ist die Gemeinde der Siebenten-Tags-Adventisten, die sich 1863 in den USA aufgebaut haben. Sie gehen davon aus, dass Jesus sehr bald wiederkommen wird. Deshalb achten sie auf einen gesunden Lebensstil ohne Schweinefleisch, Zigaretten und alkoholische Getränke.

Ihre Gottesdienste finden immer am Samstag statt, weil sie sich diesem Vers aus dem 3. Gebot zum Vorbild nehmen: „Gedenke des Sabbattages, dass du ihn heiligst. Sechs Tage sollst du arbeiten und alle deine Werke tun. Aber am siebenten Tage ist der Sabbat des Herrn, deines Gottes." (2. Mose, Kapitel 20, Verse 8/9 Lutherbibel 2017). Die Gottesdienste beinhalten Bibelkurse, Gruppengespräche, Musik,

einige Leute geben Lebenszeugnisse ab. Das Abendmahl wird einmal in drei Monaten mit Traubensaft
gefeiert. Das Besondere dabei ist die Fußwaschung
während des Abendmahls. Bei den Adventisten setzt
sich jedes Mitglied finanziell und ehrenamtlich für
die Gemeinde ein.

Große christliche Werke

Die Freikirche mit dem Namen „Heilsarmee" setzt sich in ca. 130 Ländern in der ganzen Welt für arme und benachteiligte Menschen ein. Im 19. Jahrhundert hat William Booth, der mit den Menschen, die unter der damaligen Not in London gelitten haben, Mitleid hatte, die Heilsarmee aufgebaut.

Die Heilsarmee hat in Deutschland und in Osteuropa 44 Gemeinden, die sogenannten „Korps", in denen rund 124 Prediger („Offiziere") und ca. 1300 andere Mitarbeiter*innen mitwirken. Dort werden obdachlose Menschen betreut, Altkleidersammlungen durchgeführt. Das Missionsteam der Heilsarmee ist ein Zweig, der in Sankt Pauli arbeitet. Dort kümmern sich Mitarbeiter*innen, FSJler und Praktikant*innen um die Besucher*innen aus Sankt Pauli, führen Straßeneinsätze mit Gesang christlicher Lieder durch und führen in ihrem Zentrum direkt auf der Reeperbahn Veranstaltungen für obdachlose Menschen, Drogensüchtige und anderen Leute, die in der Gesellschaft nicht gut zurechtkommen, durch. Den Besucher*innen werden dort bei Bedarf die Haare neu frisiert.

Sie können etwas trinken und essen und sich einfach nur untereinander und mit den Mitarbeitenden austauschen, damit sie wenigsten etwas Gemeinschaft erfahren können. In kalten Winternächten dürfen dort obdachlose Menschen übernachten, um nicht draußen erfrieren zu müssen.

In Deutschland gibt es mehrere große christliche Werke, die sich für die Belange der Menschen im In- und Ausland einsetzen. Im folgenden Text werden ein paar Beispiele dazu genannt. Der YMCA bzw. CVJM (Christlicher Verein Junger Menschen) orientiert sich an dem Evangelium und setzt sich weltweit überwiegend für Kinder, Jugendliche und junge Erwachsene ein. Er verfolgt das Ziel, jungen Leuten zu helfen und damit für mehr Fairness zwischen den

Menschen zu sorgen. Auch Benachteiligte sollen möglichst gute Lebensperspektiven entwickeln können. Dieser Verein hat deutschlandweit ungefähr 1400 Einrichtungen.

Eine dieser Einrichtungen ist in Essen und hat eine Abteilung, die sich darum kümmern, dass Menschen mit Benachteiligungen, zum Beispiel mit Drogensucht, psychischen Probleme oder mit einer kriminellen „Karriere", auf dem Arbeitsmarkt Fuß fassen und ein Leben mit Zukunftsperspektiven führen können.

Der CVJM hat in Deutschland ungefähr 310.000 Mitglieder und wird von ungefähr 68.000 ehrenamtlichen Helfer*innen unterstützt. In Kassel gibt es vom CVJM sogar eine private Hochschule, die CVJM-Hochschule. Dort kann man in Vollzeit oder berufsbegleitend Studiengänge in Sozialer Arbeit besuchen bzw. im Unterricht vor Ort den Abschluss mit der Doppelqualifikation in Religions- und Gemeindepädagogik/Soziale Arbeit absolvieren.

An dieser Schule kann man sich auch zur/zum Erzieher*in ausbilden lassen. Aber auch weltweit setzt sich der CVJM für andere Menschen, die nicht unbedingt auf der Sonnenseite des Lebens stehen, ein. Zum Beispiel leistet der CVJM Entwicklungshilfe mit dem Programm „Aktion Hoffnungszeichen". Mit dieser Arbeit unterstützt dieser Verein zum Beispiel ein Projekt in Bogota. In dieser Millionenstadt liegt „Ciudad Bolivar", wegen der hohen Kriminalität und der großen Drogenprobleme eine der gefährlichsten Gegenden in Bogota. Dort kümmern sich Fachkräfte um Kinder und deren Familien, bieten Kurse im Tanzen und Rappen an und beraten die Besucher*innen, damit diese in Zukunft ein Leben mit möglichst wenig Gewalt, Drogensucht und anderen Problemen aufbauen können.

„Jugend mit einer Mission" in Deutschland arbeitet zusammen mit der weltweit organisierten Gesellschaft „Youth with a mission", die 1960 in Nordamerika entstanden ist und im Jahr 1970 ihre erste Dependance in München aufbaute. Diese Gemeinschaften missionieren in der gesamten Welt und bieten jungen Leuten an, bei Missionseinsätzen in Europa und in der ganzen Welt mitzuwirken. Jugend mit einer Mission ist mit vielen verschiedenen Gemeinden unterschiedlicher Konfessionen vernetzt und tauscht sich mit ihnen regelmäßig aus. Auf der Homepage https://jmem.de/ können Sie Informationen zu der Arbeit von Jugend mit einer Mission lesen.

In der Arbeitsgemeinschaft Christlicher Lebenshilfen (ACL) haben sich unterschiedliche Anbieter von Therapien und Seelsorge, die sich an der Bibel orientieren, zusammengeschlossen. Dazu gehören auch Krankenhäuser, die Psychotherapien entsprechend den Inhalten aus dem Evangelium anbieten. Dort gibt es Einrichtungen, die kurze und ambulante Therapien anbieten.

In anderen Einrichtungen können Erwachsene, Jugendliche und Kinder mit psychischen Problemen oder Suchtkrankheiten langfristig therapiert werden. Auf der Homepage

www.acl-deutschland.de

können Sie sich bei Bedarf nähere Informationen über Hilfsangebote ansehen.

Weltreligionen

Im Koran (islamischer Glaube) wird Jesus als Prophet angesehen. Aus Sure 4, Vers 157/ 158 geht hervor, dass Jesus keine Kreuzigung erlebt hat, sondern direkt zu Gott geholt wurde.

Das Pew Research Center schätzte im Jahr 2017, dass die Anhängerzahl zum Islam zunehmen wird, und zwar bis 2060 von 24,1 % (2015) auf ungefähr 31,1 %. Dem Christentum sollen, ungefähr wie heute, ca. 31,8 % der Menschen weltweit angehören. Die Zahlen der Anhänger des Judentums (derzeit ca. 0,2 %) und des Hinduismus (derzeit ca. 14,2 %) werden sich ebenfalls nicht stark verändern. Bis 2060 soll es weniger Menschen buddhistischen Glaubens (dann ca. 4,8 %), Andersgläubige (zukünftig ca. 5,2

%) sowie Menschen ohne Religion (dann ca. 12,5 %) geben. Die Anhänger verschiedener Religionen führen in Europa einen Dialog zwischen den Religionen durch. Damit wollen sie dazu beitragen, dass sich Christen, Muslime, Buddhisten, Hinduisten etc. vertragen und nicht gegenseitig anfeinden.

Zum Beispiel findet dieser Dialog in Form von Diskussionen unterschiedlich Gläubiger, Zusammenarbeit in Projekten und gemeinsame Ausstellungen statt. Dabei besteht auch die Möglichkeit, sich Kirchen andersgläubiger Gruppen anzuschauen und die Inhalte anderer Glaubensrichtungen kennenzulernen. So können gegenseitige Vorurteile abgebaut werden.

Religiöse
Unterdrückung

RELIGIÖSE UNTERDRÜCKUNG ANDERER MIT DEM CHRISTLICHEN GLAUBEN

Nach der großen Christenverfolgung, die bereits nach Jesu Tod und Auferstehung bis ungefähr 313 stattfand, erlaubten die beiden Kaiser des römischen Reichs, Constantin und Licinius mit dem „Mailänder Edikt", dass Christen ihren Glauben frei leben durften.

Missionierung der Menschen war in Europa und im Nahen Osten erlaubt, wurde sogar geboten. Der Kaiser Constantin kämpfte in den Jahren 306, 310, 311, 313 mehrmals gegen heidnische Völker, indem er sie um ihre Tiere und Dörfer brachte und viele von ihnen in Kampfarenen gegen wilde Tiere kämpfen und sterben ließ. In den Folgejahren setzten sich in Europa weiterhin Bischöfe und Könige gegen heidnische Gruppierungen und deren Feste und Stätten durch. In der Zeit von 1500 bis 1700 nahmen die Katholiken Mexiko ein.

1500 gingen christlich gläubige Portugiesen gegen die brasilianischen Indianer vor, sodass deren Zahl sich bis 1990 von ca. 3 Millionen auf 200.000 Personen reduziert hat. In Nordamerika fielen vom 17. bis 19 Jahrhundert die Indianer und Prärieindianer christlichen Gruppen zum Opfer oder wurden zwangschristianisiert.

Im Mittelalter lag die Zeit der Inquisition. Das Wort Inquisition wird von dem lateinischen Begriff „inquisitio" (Erforschung) abgeleitet. Anhand von „Gottesurteilen", von dem es verschiedene Arten gab, sollten die Leute, die sich dem damals gängigen Glauben nicht anpassten, erkannt werden. So wurden Leute, die des Mordes verdächtigt wurden, zu dem umgebrachten Menschen geführt.

Wenn dieser Mensch wieder zu bluten anfing, ist man davon ausgegangen, den Mörder überführt zu haben. Aber wie kam es zur Inquisition? Die katholische Kirche legte um 1100 einen größeren Wert auf eigene Vorteile und Besitztümer, anstatt sich um ihre „Schäfchen" zu kümmern. Das Volk lebte in Armut und hoffte auf ein gutes Leben nach seinem Tod. Gleichzeitig entstand u. a. in Südfrankreich die Gruppe der „Reinen", die in ärmlichen Verhältnissen lebte, weil sie Reichtum als satanisch ansahen und über die gute Botschaft von Jesus sprach.

Viele Gläubige begannen, die katholische Kirche abzulehnen, und schlossen sich der Gruppe der „Reinen" an. Diese neue Kirche wuchs, gewann an Macht, sodass der Papst Innozenz III. im Jahr 1209 dem König von Frankreich einen Feldzug vorschlug, der 20 Jahre andauerte. Die „Ketzer" konnten sie damit aber nicht besiegen. 1231 gab der Papst Gregor IX den Mitgliedern der Dominikaner- und Franziskanerorden die Aufgabe, bei der Inquisition in Europa mitzuwirken. Insbesondere in Frankreich, Spanien und Italien, aber auch zum Teil in Deutschland trieben die Inquisitoren ihr Unheil.

Sie gingen so vor, dass sie alle Bewohner der jeweiligen Stadt ansprachen und beauftragten, andere Menschen, die als Ketzer auffallen, anzuschwärzen. Die Verdächtigten kamen vor Gericht, wurden gefoltert, umgebracht oder in Haft genommen. Auch die Hexenverfolgung wurde ungefähr von 1430 bis 1782 durchgeführt. Die Inquisition dauerte ungefähr 600 Jahre. Während des Zweiten Vatikanischen

Konzils von 1962-1965 öffnete sich die katholische Kirche für die Religions- und Gewissensfreiheit sowie für die protestantische und orthodoxe Kirche. 2000 bestätigt der Papst Johannes Paul II., dass die katholische Kirche Fehler gemacht habe. Er deutete damit die Gräuel der Inquisition und die Diskriminierung von anders gläubigen Menschen an.

CHRISTEN ALS OPFER

Schon nach dem Tod und der Auferstehung von Jesus gab es Christen, die Probleme und Verfolgungen wegen ihres Glaubens an Jesus erleiden mussten. Christen wurden aufgrund ihres Glauben vom Staat oder der Gesellschaft verfolgt. Sie wurden diskriminiert, verloren ihre Rechte, erlebten zum Teil gravierende Benachteiligungen, durften sich nicht mehr zu Bibelkreisen, Gottesdiensten und Gebetsgruppen versammeln und wurden im schlimmsten Fall gefangen, in Haft gebracht, gefoltert und ermordet.

Sogar in der Bibel wird von einigen Christen, die wegen ihres Glaubens Probleme bekamen, berichtet. Ein gläubiger Mann wird in Daniel, Kapitel 6, Verse 1-29 (Lutherbibel 2017) erwähnt. Er hieß Daniel und war einer von drei Fürsten, die König Darius eingesetzt hat und sollte wegen seiner guten

Leistungen sogar das „ganze Königreich" regieren. Jedoch wurde er beim Beten zu Gott erwischt, obwohl er nur den König Darius anbeten durfte.

Wegen des Gebets kam Daniel in eine Grube mit Löwen. Ihm passierte aber nichts. Gott hat ihn wohl vor den wilden Tieren beschützt. Eine andere Geschichte über drei Männer, die nur Gott anbeteten, wird in Daniel, Kapitel 3, Verse 1-30 erzählt: Der König Nebukadnezar verlangte von seinem Volk, dass sie nur ein bestimmtes Götzenbild anbeten sollten. Die drei Männer Schadrach, Meschach und Abed-Nego, die bei Nebukadnezar angestellt waren, wollten das Bild nicht anbeten, sondern nur Gott. Dafür wurden sie in einen sehr heißen Ofen geworfen.

Ihnen passierte nichts. In der Bibel, Apostelgeschichte, Kapitel 9, Verse 1-22) wird auch von einer Person berichtet, die zuerst Christen verfolgt hat und dann später selbst zum Glauben an Jesus Christus kommt. Saulus wollte Christen gefangen nehmen, machte sich auf den Weg nach Damaskus und erlebte dort seine Bekehrung zu Jesus Christus. Später wurde er Paulus genannt, predigte von dem Wirken Jesu, kam aber zunächst bei den Leuten, die diese Nachrichten hörten, nicht glaubwürdig rüber. Denn sie kannten Paulus ja nur als Christenverfolger. Dann glaubten sie Paulus aber und fassten

Vertrauen zu ihm.

Die erste Verfolgung der Christen ging bis ungefähr 313. Jedoch wurden in der Geschichte auch danach in verschiedenen Ländern Christen unterdrückt. In Japan wurde im Jahr 1612 der christliche Glaube verboten. Christen mussten sich entweder vom Glauben an Jesus abwenden oder wurden getötet. 1637 gab es einen Aufstand zwischen Christen und der japanischen Regierung.

Dieser Aufstand endete mit der Ermordung von mehr als 40.000 christlich Gläubigen. In Frankreich verloren einige Klöster, die keine karitativen Einrichtungen waren, ihren Besitz (Gebäude und Land). 1973-1975 durften in diesem Land die Menschen ihre christliche Religion nicht frei ausleben. In der ehemaligen DDR wurden Christen auch nicht gerne gesehen.

Die "Sozialistische Einheitspartei Deutschlands" (SED) wollte mit unterschiedlichen Aktionen, z. B. mit der "Jugendweihe" gegen die christlichen Kirchen vorgehen, lehnte die Firmungen und Erstkommunion ab und wollte durch erschwerte Vernetzung der Kirchen mit der EKD die Verbindung zwischen den Christen verhindern. Jedoch setzten sich die Kirchen trotz dieser schwierigen Bedingung durch. Sie konnten später sogar bei den Bestrebungen, die DDR und BRD wiederzuvereinigen, mitwirken.

Auch heute werden weltweit Christen verfolgt. Einige Organisationen, zum Beispiel die "Internationale Gesellschaft für Menschenrechte", gehen davon aus, dass unter den Verfolgten die meisten Leute wegen ihres Glaubens an Jesus diskriminiert werden. Laut Amnesty International müssen sich Christen nicht nur in Deutschland, sondern in vielen anderen Ländern wegen ihres Glaubens verantworten.

Aus Angaben der Organisation Open doors, die sich für die verfolgten Christen einsetzt, geht hervor, dass in der Welt ca. 200 Millionen Menschen wegen ihres christlichen Glaubens Verfolgungen erleiden müssen. In den vergangenen Jahren tauchten in der Presse immer wieder Meldungen zu Misshandlungen von Christen auf. Christliche Kirchen wurden überfallen, wie zum Beispiel eine koptische Kirche in der Nähe von Kairo im Dezember.

Open doors bringt regelmäßig einen „Weltverfolgungsindex" heraus. Dieser Index erscheint jährlich und zeigt die Länder mit den meisten Christenverfolgungen an. Den traurigen Rekord bricht seit 2002 Nordkorea. In Nordkorea leben ca. 300.000 Christen, die sich nur im Untergrund treffen können, um nicht entdeckt zu werden. Es gibt zwar Kirchen, die angeblich die Freiheit von Religionen einräumen.

Aber das findet nur für die Besucher in Nordkorea statt.

Tatsächlich werden in Nordkorea die Christen angefeindet. Die Länder Afghanistan und Somalia liegen mit der Christenverfolgung auf Rang 2 und 3. Aber nicht nur Staaten verfolgen und diskriminieren Christen. Auch Familien anderen Glaubens schließen Familienmitglieder, die zum christlichen Glauben konvertieren, aus. Zum Beispiel erwähnt OpenDoors ein Mädchen in Indien, das von ihrer Familie und den anderen Menschen in ihrem Dorf unterdrückt wird.

Das Mädchen muss selbst für ihr Essen sorgen und darf nicht mit den anderen Leuten sprechen. Wenn Sie sich für das Thema Christenverfolgung interessieren oder sich sogar für verfolgte Christen einsetzen möchten, können Sie sich über die Homepage von OpenDoors (www.opendoors.de) informieren. Sie können über OpenDoors Ermutigungsbriefe an die Opfer von Christenverfolgung schreiben, Sammelaktionen für diese Organisation durchführen oder anderen Leuten von OpenDoors erzählen.

SEKTEN

Sekten sind Einrichtungen, vor denen jeder gewarnt werden sollte. Der Begriff „Sekte" kommt aus dem Lateinischen („secta" = befolgter Grundsatz). Eine Sekte ist nicht so leicht zu erkennen. Aber es gibt bestimmte Anzeichen, die Sie stutzig machen sollten: Sekten wenden sich oft an junge oder hilfesuchende Menschen, bieten ihnen Beratung an und Hilfe, den Sinn des Lebens zu finden.

Bei Fragen werden sie jedoch direkt in die Gruppe der Sekte eingeladen und zum Anschauen animiert. In Sekten gelten oftmals andere Regeln, als sie in der Bibel genannt werden. Die Mitglieder müssen nach sehr strengen Vorschriften leben und dem Sektenvorsteher, der sich als „Guru" ausgibt, gehorchen. Andere Meinungen als die des „Gurus" werden nicht akzeptiert.

Im Vergleich dazu kann man sich in den Hauskreisen oder Bibelgruppen, die zu den „normalen" Kirchengemeinden gehören, ohne Bedenken anmelden. Sektenleiter können sogar den Kontakt zu den Freunden und zur eigenen Familie verbieten, um die Mitglieder an die Sekte zu fesseln. Eine bekannte Sekte ist die Scientology Kirche, die L. Ron Hubbard in den 50er-Jahren gegründet hat. Dort werden die

Leute dazu gebracht, teure Lehrgänge zu besuchen, um im Leben weiter zu kommen oder „erlöst" zu werden.

Damit werden die Mitglieder nicht nur um viel Geld gebracht, sondern auch seelisch unter Druck gesetzt. Auch die Mormonen gehören zu den Sekten. Mitglieder dieser Sekten ziehen um die Häuser und bieten die Mitgliedschaft bei ihnen, zusammen mit der Grundlage, dem „Buch Mormon". Angeblich sollen einige Gruppierungen der Mormonen in Vielehe leben.

Die Zeugen Jehovas, ebenfalls eine Sekte, stehen oft in Fußgängerpassagen und bieten den „Wachturm" an. Die Mitglieder dieser Sekte leben extrem streng und lehnen Geburtstagsfeste, Weihnachten und Karnevalsfeiern ab. Ein Mitglied der Zeugen Jehovas darf keine Angehörigen anderer Kirchen heiraten. Sollte Ihnen mal an Ihrer Wohnungstür ein Sektenmitglied begegnen, schicken Sie diese Person am besten sofort weg, lassen sich auf keine Diskussion ein und bestehen darauf, nicht mehr von ihr besucht zu werden. Sollten Sie Infoflyer angeboten bekommen, lehnen Sie diese ab. Falls Sie doch mal ein Heft von einer Ihnen suspekten Gruppe angedreht bekommen, wenden Sie sich am besten an eine ortsansässige Gemeinde oder an eine Sektenberatungs-

stelle. Wenn man nämlich in einer Sekte einmal Mitglied geworden ist, kann man nur sehr schwer wieder austreten. Bei einem Austrittsversuch kann man
nämlich von den anderen Sektenmitgliedern be-
droht werden.

Auf der Homepage

www.weltanschauungsfragen.de/beratung/bera-
tungsstellen/gebiet/deutschland

können Sie Adressen von Beratungsstellen, die sich
mit Sekten auskennen, finden und sich dort bei Bedarf melden.

Christentum praktisch

Möchten Sie sich näher mit dem Christentum auseinandersetzen? Haben Sie Interesse daran, neue Leute kennenzulernen, neue Freunde zu finden? Möchten Sie selbst Ihre Beziehung zu Gott vertiefen? Dafür gibt es mehrere Möglichkeiten. Sie können jederzeit einen Gottesdienst einer Gemeinde besuchen.

Bei Fragen haben Sie dann immer die Möglichkeit, mit dem Gemeindeleiter oder den anderen Besucher*innen darüber zu reden. Das Wichtigste im christlichen Glauben ist eine lebendige Beziehung mit Gott, ein persönlicher Glaube an Jesus und ein darauf ausgerichtetes Leben. Jeder, der dieses Leben anstrebt, kann zu Gott beten, ihm seine Sünden bekennen und ihm sein Leben übergeben. So hat er automatisch Zugang zu Jesus und baut sich so eine Perspektive ins ewige Leben auf. Es gibt viele christliche Bereiche, in denen Sie bei Interesse ehrenamtlich mitarbeiten können: Wenn Sie gerne singen, bietet es sich an, einen Chor zu besuchen. Viele Kirchen haben Chöre, die christliche Lieder einüben und sie dann bei Gottesdiensten vortragen. Es gibt die Möglichkeit, bei kurzen Missionseinsätzen mitzuwirken.

Zum Beispiel können Sie sich bei Global Aid Network über kurze Arbeitseinsätze im Ausland auf der Homepage

gain-germany.org/mitmachen/reisen-mit-herz

informieren und daran teilnehmen. Sie können dann bei unterschiedlichen Aktionen wie Renovierungen oder Kinderarbeit mitwirken und gleichzeitig Ihr Einsatzland kennenlernen. Vielleicht entwickelt sich bei Ihnen sogar das Interesse, selbst eine theologische Ausbildung oder ein Studium in diesem Bereich zu absolvieren und Pastor*in zu werden, damit Sie im In- und Ausland in einer christlichen Organisation mitarbeiten können.

Dazu bietet sich an den Universitäten das Studium der Theologie an. Es gibt aber auch einige Bibelschulen, die unterschiedliche Ausbildungen im theologischen Bereich anbieten. Das Bibelcenter Breckerfeld bietet eine dreijährige Prediger-Ausbildung oder Ausbildungen zum/zur Jugendreferent*in.

Während der Ausbildungszeit lebt man mit den anderen Bibelschüler*innen in der Bibelschule zusammen, um auch persönlich zu reifen. Auch Praktika gehören zu der Ausbildung. Nach Ausbildungsabschluss, der teilweise als Bachelor anerkannt werden kann, können die Absolvent*innen in Gemeinde und Missionswerken arbeiten oder vielleicht sogar noch bis zum Master studieren. Sie können dort aber auch Teilzeitkurse besuchen. Die Bibelschule Brake bietet ebenfalls eine dreijährige Ausbildung zum Prediger, Gemeindehelfer*in an. Im Rahmen dieser Ausbildung werden ein sehr breites Wissen über die Bibel und auch über Vortragsmethoden vermittelt.

Das Zusammenleben mit den anderen Bibelschüler*innen soll zum Wachstum der Persönlichkeit beitragen. Mit dem Abschluss an der Bibelschule Brake können Sie hauptberuflich oder ehrenamtlich in Gemeinden und/oder Missionswerken arbeiten. Das Glaubenszentrum Bad Gandersheim möchte die Teilnehmer*innen ausbilden, damit sie authentisch und fundiert über das Evangelium sprechen können.

In diesem Glaubenszentrum werden auch kurze Seminare zu verschiedenen christlichen Themen und Sommerbibelschulkurse angeboten. Wer sich mehr für christliche Reisen interessiert, kann sich über Reisen vom Evangelischen Rundfunk (ERF e. V.) informieren.

Zum Beispiel gibt es Studienreisen, bei denen Sie sich näher mit Martin Luther beschäftigen können. Sie lernen während dieser Fahrt Gedenkstätten über Martin Luther kennen. Sie können auch auf eigene Faust nach Eisleben und Wittenberg fahren und dort die Spuren von Martin Luther verfolgen. Martin Luther wurde im November 1483 in Eisleben (liegt in Sachsen-Anhalt) geboren.

In dem Haus, in dem Luther geboren wurde, befindet sich heute das Museum mit Darstellungen aus seinem Leben, seinem christlichen Glauben und dem Leben seiner Familie. In der Petrikirche, die Sie ebenfalls in Eisleben besichtigen können, wurde Martin Luther einen Tag nach seiner Geburt getauft. Die Gebäude, die an Martin Luther erinnern, gehören zum Weltkulturerbe. Dazu zählt auch das Haus, in dem der Reformator im Februar 1546 verstorben ist. Heute können Sie in diesem Haus eine Ausstellung über den letzten Lebensabschnitt von Luther sehen. In Wittenberg soll Martin Luther im Jahr 1517 die 95 Thesen an die Schlosskirche angebracht haben. Wenn Sie sich für Israel interessieren, bieten sich Studienreisen dort an. Zum Beispiel bietet die Reiseorganisation Schechinger-Tours seit 1977 Fahrten nach Israel an. In Israel gibt es einige interessante Stellen, die an das Leben von Jesus Christus erinnern.

An dem Ort, an dem Jesus in Bethlehem geboren wurde, steht seit 326 die Geburtskirche. Im Jordan ist Jesus laut der Bibel von Johannes dem Täufer getauft worden. Auch dieser Fluss zieht viele Besucher*innen an. In der Nähe von Jericho ist der Berg, auf dem der Teufel Jesus Versprechungen gemacht hat, wenn er ihn anbeten würde. Heute steht dort ein orthodoxes Kloster. Der See Genezareth, über den Jesus gelaufen ist, ist auch ein beliebtes Reiseziel. Nazareth ist die Stadt, in der Jesus gelebt hat.

An der Stelle, an der heute die Verkündigungskirche steht, soll Maria die Botschaft über die Geburt ihres Sohnes Jesus Christus erhalten haben. Auf dem Zionsberg können Sie ein Museum besuchen. Der Saal auf dem Zionsberg erinnert an das letzte Abendmahl von Jesus mit seinen Jüngern, bevor er am nächsten Tag gekreuzigt wurde. Der Ölberg bzw. der Gethsemanegarten erinnern an die Nacht vor Jesu Kreuzigung, in der er zu Gott gesprochen und

Todesangst erlitten hat. Dort wurde Jesus auch von Judas Iskariot verraten und von den Soldaten gefangen genommen. In Jerusalem können Sie durch die Via Dolorosa, durch die Jesus vor seiner Hinrichtung mit dem Kreuz, auf dem er später gekreuzigt werden sollte, entlang gegangen ist, gehen.

Der Ort Abu Gosh ist einer der Stellen, von der man glaubt, dass dort Jesus, nachdem er auferstanden ist, seinen Jüngern zuerst begegnete. In Abu Gosh ist die Auferstehungskirche aufgebaut worden, um an diese Begegnung zwischen Jesus und seinen Jüngern zu erinnern. Die "Brotvermehrungskirche" in Tabgha, in der Nähe von Kafarnaum, erinnert die Besucher*innen an das Wunder der Brotvermehrung durch Jesus.

Ebenfalls lohnt sich eine Reise nach Rom zum Vatikan. Der Vatikan bzw. die Vatikanstadt ist die zentrale Stätte für katholisch Gläubige. Dort pilgern jährlich ungefähr 5 Millionen Besucher*innen hin. In diesem Stadtstaat können Sie den Petersdom, die Sixtinische Kapelle und das Vatikanmuseum besuchen. Damit Sie sich an dem Vatikanischen Museum nicht lange für die Eintrittskarten anstellen müssen, bietet es sich an, über die Homepage

tickets.museivaticani.va/home

Tickets für den Museumsbesuch zu besorgen. Den Petersdom können Sie grundsätzlich kostenlos besuchen, müssen dann aber mit langen Wartezeiten rechnen. Um diese Wartezeiten zu umgehen, können Sie über die Homepage www.getyourguide.de Tickets für den schnelleren Einlass in den Petersdom plus Audioguide kaufen.

Sie brauchen nur das Wort "Petersdom" in das linke Suchfeld eingeben und finden dann verschiedene Angebote für die Besichtigung des Petersdoms plus Kuppel und Krypta. Der CVJM (s. o.) bietet auf der Homepage https://www.cvjm-reisen.de/ auch Reisen in einigen Ländern Europas an. Wenn Sie sich für Einkehrtage interessieren, bieten sich Klöster an. Zum Beispiel gibt es in der Abtei Maria Laach, die in Rheinland-Pfalz liegt, Möglichkeiten, zur Ruhe zu kommen.

Dort gibt es zum Beispiel Seminare zu beruflichen Themen, wie man gesund leben kann und Wanderungen. Im Kloster Arenberg in Koblenz können Sie neben Wellnessangeboten und Seelsorge zum Beispiel Kurse zum Thema Berufscoaching oder zum Umgang mit Trauer besuchen. Auf der Homepage

www.kloster-arenberg.de/

können Sie sich näher über die Angebote des Klosters informieren. Viele Klöster, beispielsweise das Franziskanerkloster in München oder die Benediktinerklöster in Deutschland, Österreich, der Schweiz oder in Südtirol bieten auch ein "Leben auf Zeit" an.

Herstellung und Verlag:
BoD – Books on Demand, Norderstedt
ISBN: 9783752627268

1. Auflage
Kontakt: Psiana eCom UG/ Berumer Str. 44/ 26844 Jemgum
Covergestaltung: Fenna Larsson
Coverfoto: depositphotos.com